MySQL

Contenido

3

Capítulo 1: Introducción a MySQL

¿Qué es MySQL?

MySQL es un sistema de administración de bases de datos relacionales de código abierto (RDBMS) compatible con Oracle y basado en el lenguaje de consulta estructurado SQL (Structured Query Language). MySQL es multiplataforma por lo que funciona en prácticamente todas las plataformas, incluyendo Linux, UNIX y Windows, y aunque se puede utilizar en una amplia gama de aplicaciones, a menudo se asocia con aplicaciones web y publicación en línea.

MySQL es un componente importante de una pila de negocios de código abierto llamada LAMP, es una plataforma de desarrollo web que utiliza Linux como sistema operativo, Apache como servidor web, MySQL como sistema de gestión de bases de datos relacionales y PHP como lenguaje de scripting orientado a objetos. (A veces se utiliza Perl o Python en lugar de PHP.)

El resultado de una idea de la sociedad sueca MySQL AB, MySQL fue adquirido por Sun Microsystems en el 2008 y luego por Oracle cuando compró Sun en el 2010. Los desarrolladores pueden utilizar MySQL con la Licencia Pública General (GPL) de GNU, pero las empresas deben obtener una licencia comercial de Oracle.

Hoy en día, MySQL es el RDBMS oculto detrás de muchos de los mejores sitios web del mundo y un sinnúmero de aplicaciones basadas en la web para empresas y usuarios finales, incluyendo Facebook, Twitter y YouTube. A pesar del advenimiento del desarrollo de la nube y el nacimiento de otras bases de datos, incluso de un tipo diferente, MySQL todavía mantiene la comparación tanto que también se utiliza en la nube.

MySQL, de hecho, está diseñado para ser compatible con otros sistemas. Admite la implementación en entornos virtualizados como Amazon RDS para MySQL, Amazon RDS para MariaDB y Amazon Aurora para MySQL. Los usuarios pueden transferir sus datos a una base de datos de SQL Server mediante herramientas de migración de bases de datos, como la herramienta AWS Schema Conversion Tool y AWS Database Migration Service.

MySQL se basa en un modelo cliente-servidor y su núcleo es el servidor MySQL, que controla todas las instrucciones (o comandos) de la base de datos. El servidor MySQL está disponible como un programa independiente para su uso en un entorno de red cliente-servidor y como una biblioteca que se puede incrustar (o vincular) en aplicaciones independientes. MySQL contiene varios programas útiles que admiten la administración de bases de datos MySQL. Los comandos se envían a MySQL Server a través del cliente MySQL, que está instalado en un equipo.

MySQL fue desarrollado originalmente para administrar rápidamente grandes bases de datos. Aunque MySQL normalmente está instalado en un solo equipo, puede implementar la base de datos en varios equipos, ya que los usuarios pueden acceder a ella a través de diferentes interfaces de cliente MySQL. Estas interfaces envían instrucciones SQL al servidor y, a continuación, muestran los resultados.

¿Las Fortalezas de MySQL?

Además de la capacidad de replicar datos y tablas de forma eficiente y rápida, MySQL permite el almacenamiento de datos y el acceso a través de varios motores de almacenamiento de información, incluidos InnoDB, CSV y NDB. Los usuarios de MySQL no están obligados a aprender nuevos comandos en aquellos que pueden acceder a sus datos mediante comandos SQL estándar.

La portabilidad es otro factor clave de MySQL, de hecho, debido a que está escrito en C y C++, es accesible y está disponible en más de 20 plataformas, incluyendo Mac, Windows, Linux y Unix. El RDBMS admite bases de datos grandes con millones de registros y admite muchos tipos de datos, incluidos enteros con o sin signo de 1, 2, 3, 4 y 8 bytes; `FLOAT`; `DOUBLE`; `CHAR`; `VARCHAR`; `BINARY`; `VARBINARY`; `TEXT`; `BLOB`; `DATE`; `TIME`; `TIMESTAMP`; `YEAR`; `ENUM` y muchos otros tipos, como las cadenas de longitud fija y de longitud variable.

Por motivos de seguridad, MySQL utiliza privilegios de acceso y un sistema de contraseñas cifradas que permite la verificación basada en host. Los clientes MySQL pueden conectarse a MySQL Server mediante varios protocolos, incluidos sockets TCP/IP en cualquier plataforma.

MySQL también es compatible con una serie de programas de cliente y utilidad, programas de línea de comandos y herramientas de administración como MySQL Workbench. Gracias a este programa podría evitar aprender sintaxis SQL para realizar todas las operaciones en la base de datos, sin embargo, cada acción visual se transforma en una instrucción SQL automáticamente.

MySQL, ser código abierto también es conocido por sus bifurcaciones:

- Drizzle, un sistema ligero de gestión de bases de datos en fase de desarrollo basado en MySQL 6.0;

- MariaDB, un popular reemplazo desarrollado por la comunidad para MySQL que utiliza API y comandos MySQL;

- Percona Server con XtraDB, una versión mejorada de MySQL conocida por la escalabilidad horizontal.

MySQL también permite a los usuarios elegir el motor de almacenamiento más eficaz para una tabla determinada, ya que el programa es capaz de utilizar varios motores de almacenamiento para tablas individuales. Uno de estos motores de MySQL es InnoDB, totalmente diseñado para una alta fiabilidad y por esta razón, no es tan rápido como los otros motores.

SQL utiliza su propio sistema de almacenamiento, pero mantiene más protecciones contra la pérdida de datos. Ambos sistemas agrupados se pueden ejecutar para garantizar una alta fiabilidad.

Por último, pero no menos importante, SQL Server ofrece una amplia variedad de herramientas de análisis y generación de informes de datos. SQL Server Reporting Services es el más popular y está disponible como descarga gratuita. Existen herramientas de análisis similares para MySQL disponibles en empresas de software de terceros, tales como Crystal Reports XI y Actuate BIRT.

Capítulo 2: Primeros Pasos

Para configurar nuestro sistema podemos elegir entre dos softwares con soluciones "todo en uno" y es XAMPP o MAMP. El primero crea un entorno de servidor para PHP al ofrecer la capacidad de usar Perl, Python y Tomcat también, el segundo es un paquete disponible solo para Windows y macOS y le permite instalar Apache, Nginx, PHP y MySQL.

Al ser en ambos casos configuraciones guiadas y productos similares, sólo mostraremos la instalación de XAMPP que es probablemente la más extendida.

Cómo Instalar XAMPP

El nombre XAMPP es un acrónimo, con cada letra representando uno de los cinco componentes clave. El paquete de software contiene el servidor web Apache, el sistema de gestión de bases de datos relacionales MySQL (o MariaDB) y los lenguajes de scripting Perl y PHP. La X inicial significa los sistemas operativos con los que funciona: Linux, Windows y Mac OS X.

Apache: el servidor web de código abierto más utilizado del mundo para la entrega de contenido web. La aplicación del servidor está disponible como software libre por Apache Software Foundation.

MySQL / MariaDB: En combinación con el servidor web Apache y el lenguaje de scripting PHP, MySQL ofrece almacenamiento de datos para servicios web. Las versiones actuales de XAMPP han reemplazado MySQL por MariaDB

14

(una bifurcación desarrollada por la comunidad de proyectos MySQL, realizada por los desarrolladores originales). No se preocupe por esto, ya que todos los comandos válidos de MariaDB también son válidos en MySQL.

PHP: El lenguaje de programación del lado del servidor PHP permite a los usuarios crear sitios web o aplicaciones dinámicos. PHP se puede instalar en todas las plataformas y es compatible con diferentes sistemas de bases de datos.

Perl: El lenguaje de scripting Perl se utiliza en la administración del sistema, el desarrollo web y la programación de red. Al igual que PHP, Perl permite a los usuarios programar aplicaciones web dinámicas.

Además de estos componentes principales, esta implementación apache gratuita contiene otras herramientas útiles que varían dependiendo del sistema operativo. Estas herramientas incluyen el servidor de correo

Mercury, la herramienta de administración de bases de datos phpMyAdmin, las soluciones de software de análisis de datos web Webalizer, OpenSSL y Apache Tomcat, y servidores FTP FileZilla o ProFTPd.

Un servidor XAMPP se puede instalar y utilizar con un único archivo que se puede ejecutar rápida y fácilmente, actuando como un sistema de prueba local para Linux, Windows y Mac OS X. El paquete de software contiene los mismos componentes que están en servidores Web comunes, pero esto permite a los desarrolladores probar sus proyectos localmente y transferirlos fácilmente a sistemas de producción.

Sin embargo, XAMPP no es adecuado para su uso como servidor público, porque muchas características de seguridad se han omitido deliberadamente para simplificar y acelerar el sistema para las pruebas.

Este subcapítulo le guiará a través del proceso de instalación del paquete de software en Windows. Si está utilizando Linux o Mac OS X, los pasos a continuación para el proceso de instalación pueden ser diferentes.

XAMPP es una versión disponible por el proyecto sin fines de lucro Apache Friends. Las versiones con PHP 5.6, 7 u 8 están disponibles en el sitio Web de Apache Friends. Una vez descargado el paquete de software, puede iniciar la instalación haciendo doble clic en el archivo con la extensión `.exe`.

Le recomendamos que suspenda temporalmente cualquier antivirus hasta que todos los componentes XAMPP se hayan instalado correctamente porque los antivirus pueden afectar negativamente al proceso de instalación. El control de cuentas de usuario (UAC) también puede interferir con la instalación de XAMPP porque restringe el acceso de escritura a la unidad `c:`, por lo que

17

le recomendamos que lo apague durante la duración del proceso de instalación también.

Después de abrir el archivo con la extensión .exe (después de desactivar los programas antivirus y tomar nota del control de la cuenta de usuario), la pantalla de presentación del asistente de instalación de XAMPP debe aparecer automáticamente. Haga clic en "Siguiente" para configurar los ajustes de instalación.

En la pantalla "Seleccionar componentes", tiene la opción de excluir de la instalación los componentes individuales del paquete de software XAMPP.

Para obtener un servidor de prueba local completo, le recomendamos que instale todos los componentes disponibles mientras mantiene la configuración estándar. Después de tomar su decisión, haga clic en "Siguiente".

En el siguiente paso, tiene la opción de elegir dónde desea instalar el paquete de software XAMPP. Si opta por la configuración estándar, se crea una carpeta con el nombre XAMPP en `c:\`, después de elegir el destino, haga clic en "Siguiente".

Una vez establecidas todas estas preferencias, el asistente de instalación descomprime e instala los componentes seleccionados y los guarda en el directorio especificado. Este proceso puede tardar varios minutos, y puede seguir el progreso de esta instalación manteniendo un ojo en la barra de carga en el centro de la pantalla.

Advertencia, el firewall puede detener el proceso de instalación para bloquear algunos componentes XAMPP. Utilice la casilla de verificación correspondiente para habilitar la comunicación entre el servidor Apache y su red privada o red de trabajo. Recuerde que no se recomienda poner su servidor XAMPP disponible para redes públicas.

Una vez que todos los componentes se hayan descomprimido e instalado, puede cerrar el asistente de configuración haciendo clic en "Finalizar". Ahora puede abrir el panel de control XAMPP y a través de la interfaz tendrá acceso a todas las configuraciones, el shell, los servicios en ejecución y el acceso al foro para obtener ayuda.

PHPMyAdmin Para la Gestión de Bases de Datos

Los módulos individuales pueden ser iniciados o detenidos por el panel de control XAMPP a través de los botones correspondientes en "Actions". Puede ver qué módulos se iniciaron porque sus nombres se resaltan en verde bajo el título "Module".

Si un formulario no se puede iniciar debido a un error, se le informará inmediatamente con el registro escrito en rojo y se proporcionará un informe de error detallado que puede ayudarle a identificar la causa del problema.

Un ejemplo clásico de errores conectados a Apache es el bloqueo de puertos. Si utiliza la configuración estándar, XAMPP asignará el servidor web al puerto raíz 80 y al puerto SSL 443, a menudo bloqueado por otros programas. Si el puerto del Tomcat está bloqueado, el servidor web no se puede iniciar y hay tres maneras de resolver este problema:

- Cambiar el puerto en conflicto: supongamos, por ejemplo, que el programa de mensajería instantánea de Skype bloquea el puerto SSL 443. Una forma de lidiar con este problema es cambiar la configuración del puerto de Skype. Para ello, abra el programa y navegue a través de "Acciones", "Opciones" y "Avanzado" hasta llegar al menú "Conexiones". Debe encontrar una casilla seleccionada para permitir el acceso de Skype a los puertos 80 y 443, desactive esta casilla de verificación.

- Cambie la configuración de puerto del módulo XAMPP: haga clic en el botón "Config" para el módulo en cuestión y abra los archivos `httpd.conf` y `httpd-ssl.conf`. Reemplace el número de puerto 80 en `httpd.conf` y el número de puerto 443 en `httpd-ssl.conf` con los puertos libres, antes de guardar los datos del archivo. Ahora haga clic en el botón general "Configuración" en la parte superior derecha y seleccione "Configuración de servicio y puerto". Personaliza los puertos del servidor de formularios para reflejar los cambios en los archivos de configuración.

- Finalizar el programa en conflicto: Esta es la forma más fácil de evitar conflictos de puertos a corto plazo. Finalice el programa en conflicto (Skype, por ejemplo) y sepa que, si reinicia Skype después de que los servidores del módulo XAMPP ya se estén ejecutando, Skype seleccionará un puerto diferente y el problema se solucionará.

Para acceder a la dirección web de su servidor web, simplemente pulse el botón "Admin". El panel de control ahora se iniciará en su navegador y se le llevará al panel `localhost` de su XAMPP. El panel tiene numerosos enlaces a sitios web para obtener información útil, así como el proyecto BitNami de código abierto, que ofrece muchas aplicaciones diferentes para su XAMPP, como WordPress u otros sistemas de gestión de contenido (CMS). Como alternativa, puede llegar al panel a través de `localhost/dashboard/`.

Puede utilizar el botón Admin en su formulario de base de datos para abrir phpMyAdmin. Aquí puede administrar las bases de datos de sus proyectos web que está probando en su XAMPP. Como alternativa, puede llegar a la sección de administración de su base de datos MySQL a través de `localhost/phpmyadmin/`.

phpMyAdmin es una interfaz gráfica que permite administrar MySQL que es un tipo de base de datos que almacena cualquier tipo de datos en estructuras llamadas tablas; con PhpMyAdmin, en la práctica, podemos ver el contenido de nuestra base de datos; crear, editar, eliminar tablas completas o registros individuales; hacer una copia de seguridad de los datos contenidos; mostrar información interesante sobre la Base de Datos.

Para tratar de entrar en el tema (aunque somos inexpertos) podemos considerar las tablas como "contenedores" de datos (llamados registros), pueden tener diferentes tipos de estructura, se encuentran dentro de archivos muy grandes (las bases de datos individuales precisamente); por último, cada base de datos puede contener varias tablas siempre y cuando no tengan el mismo nombre.

PhpMyAdmin es una herramienta muy útil, además de expertos, también para aquellos que no conocen los comandos básicos de interacción entre Php y MySql. PhpMyAdmin es un software escrito en PHP y muy popular en la comunidad PHP porque ayuda a simplificar el proceso de creación e interacción con la base de datos MySQL, simplificando la generación y ejecución de consultas SQL. El éxito de PhpMyAdmin se debe en gran parte al hecho de que viene incluido con WAMP, LAMP, MAMP y XAMPP (los paquetes de desarrollo más populares en la comunidad PHP) y Cpanel (el software de gestión de servidores compartidos más popular). Hay varias alternativas a phpmyadmin para otros motores de base de datos, por ejemplo, phpPgAdmin.

Estamos Listos Para Iniciar

Para comprobar si el servidor está instalado y configurado correctamente, tiene la opción de crear una página de prueba PHP, almacenarla en el host XAMPP local y recuperarla a través de su navegador web.

Abra el directorio XAMPP mediante el botón "Explorer" en el Panel de control y elija la carpeta htdocs (`C:\xampp\htdocs` para instalaciones estándar). Este directorio almacenará los datos de archivo recopilados para las páginas web que probará en su servidor XAMPP. La carpeta `htdocs` ya debe contener datos para ayudar a configurar el servidor web, pero debe almacenar los proyectos en una nueva carpeta (como "test", por ejemplo).

Puede crear fácilmente una nueva página PHP utilizando el siguiente contenido en su editor de

texto favorito y guardándolo como `test.php` en
la carpeta "test" (`C:\xampp\htdocs\test`):

```html
<html>
 <head>
  <title> Página de prueba </title>
 </head>
 <body>
  <? php echo '<p> Hola Mundo </p>'; ?>
 </body>
</html>
```

El último paso es abrir el navegador Web y
cargar la página PHP a través de
`localhost/test/test.php`. Si la ventana del
navegador muestra las palabras "Hola Mundo",
significa que ha instalado y configurado
correctamente su XAMPP y escribió su primer
mensaje de bienvenida.

Capítulo 3: Conceptos Básicos de Bases de Datos Relacionales

Al implementar una nueva base de datos, es fácil caer en la trampa de poner rápidamente algo en funcionamiento sin pasar suficiente tiempo y esfuerzo en el diseño. Esta falta de atención a menudo conduce a costosos rediseños y reimplementaciones en el curso del trabajo. Diseñar una base de datos es similar a escribir un proyecto para un hogar; es una tontería empezar a construir sin planes detallados. En particular, un buen diseño le permite ampliar el edificio original sin demoler todo y empezar de nuevo. Por último, observará que los proyectos incorrectos están directamente relacionados con el bajo rendimiento de la base de datos.

El diseño de bases de datos probablemente no es la tarea más interesante del mundo, pero sin duda es una de las más importantes. Antes de describir cómo proceder en el proceso de diseño, echemos un vistazo a un ejemplo.

Imagine que desea crear una base de datos para almacenar las calificaciones de los estudiantes para un departamento de ciencias de la computación en la universidad. Podríamos crear una tabla con el nombre `estudiantes_votos` para almacenar calificaciones para cada estudiante y cada curso. La tabla tendría columnas para el nombre y apellido de cada alumno, el nombre del curso seguido y el resultado porcentual. Tendríamos una línea diferente para cada estudiante para cada uno de sus cursos:

```
+---------+---------+--------------------
-------+------+
| Nombre  | Apellido | Nombre del curso
| Voto |
+---------+---------+--------------------
-------+------+
| Paolo   | Bianchi | Programación
|   72 |
| Sara    | Verdi   | Matemática 1
|   87 |
| Paolo   | Bianchi | Gráficos 3D
|   43 |
| Paolo   | Bianchi | Gráficos 3D
```

```
|     65 |
| Sara    | Verdi  | Programación
|     65 |
| Susanna | Rossi  | Gráficos 3D
|     75 |
| Susanna | Rossi  | Matemática 1
|     55 |
| Susanna | Rossi  | Gráficos 3D
|     80 |
+---------+---------+--------------------
-------+------+
```

Esto es interesante y compacto y podemos
acceder fácilmente a las calificaciones de
cualquier estudiante o curso. Sin embargo, es
posible que tengamos más de un estudiante
llamado Paolo Bianchi; en los datos de muestra,
hay dos entradas para Paolo Bianchi para el
curso de Gráficos 3D. ¿Qué Paolo Bianchi
obtuvo una calificación de 43? Una forma
común de diferenciar las entradas de datos
duplicadas es asignar un número único a cada
entrada. Aquí podemos asignar un número de
identificación ID de estudiante (o matrícula)
único a cada estudiante:

31

```
+------------+---------+---------+-----------------+------+
| Matricula  | Nombre  | Apellido | Nombre          |
| del curso  | Voto |
+------------+---------+---------+-----------------+------+
| 12345678   | Paolo   | Bianchi |
Programación    |    72 |
| 12345121   | Sara    | Verdi   |
Matemática 1    |    87 |
| 12345678   | Paolo   | Bianchi |
Gráficos 3D     |    43 |
| 12345678   | Paolo   | Bianchi |
Gráficos 3D     |    65 |
| 12345121   | Sara    | Verdi   |
Programación    |    65 |
| 12345876   | Susanna | Rossi   |
Gráficos 3D     |    75 |
| 12345876   | Susanna | Rossi   |
Matemática 1    |    55 |
| 12345303   | Susanna | Rossi   |
Gráficos 3D     |    80 |
+------------+---------+---------+-----------------+------+
```

Por lo tanto, Paolo Bianchi que consiguió 43 es el que tiene el número de matrícula igual a 12345678. Pero hay un problema: en nuestra mesa, podrían ser personas distintas, pero como el número de serie es el mismo sabemos que es la misma persona. Paolo Bianchi una vez falló el curso de Gráficos 3D con 43% y lo superó con 65% en su segundo intento.

En una base de datos relacional, las filas forman un conjunto y no hay ningún orden implícito entre ellas; usted podría imaginar que la aprobación del examen se llevó a cabo después del rechazo, pero no se puede estar seguro. No se garantiza que vea la votación más reciente después del grado más antiguo, por lo que necesitamos agregar información sobre cuándo se asignó cada voto, como agregar un año y un semestre:

```
+------------+---------+---------+-------
-----------+------+-----+------+
| Matricula  | Nombre | Apellido | Nombre
del curso   | Año   | Sem | Voto |
+------------+---------+---------+-------
-----------+------+-----+------+
| 12345678   | Paolo  | Bianchi |
Programación | 2019 |  2  |  72 |
| 12345121   | Sara   | Verdi   |
Matemática 1  | 2020 |  1  |  87 |
| 12345678   | Paolo  | Bianchi |
Gráficos 3D  | 2019 |  2  |  43 |
| 12345678   | Paolo  | Bianchi |
Gráficos 3D  | 2020 |  1  |  65 |
| 12345121   | Sara   | Verdi   |
Programación | 2020 |  1  |  65 |
| 12345876   | Susanna | Rossi  |
Gráficos 3D  | 2019 |  1  |  75 |
| 12345876   | Susanna | Rossi  |
Matemática 1  | 2019 |  2  |  55 |
| 12345303   | Susanna | Rossi  |
Gráficos 3D  | 2020 |  1  |  80 |
```

```
+------------+---------+---------+-------
-----------+------+-----+------+
```

Tenga en cuenta que la tabla se ha vuelto un poco más grande y se repite cierta información como el número de serie, el nombre y el apellido para cada voto. Podríamos subdividir la información y crear una nueva tabla con el siguiente nombre estudiante_detalles:

```
+------------+-----------+---------+
| Matricula  | Nombre    | Apellido|
+------------+-----------+---------+
| 12345121   | Sara      | Verdi   |
| 12345303   | Susanna   | Rossi   |
| 12345678   | Paolo     | Bianchi |
| 12345876   | Susanna   | Rossi   |
+------------+-----------+---------+
```

y mantener menos información en la tabla estudiantes_votos:

```
+------------+-------------------+------
+-----+------+
| Matricula  | Nombre del curso  | Año
| Sem | Voto |
+------------+-------------------+------
+-----+------+
| 12345678   | Programación      | 2019
|   2 |   72 |
```

```
| 12345121   | Matemática 1        | 2020
|   1  |    87 |
| 12345678   | Gráficos 3D         | 2019
|   2  |    43 |
| 12345678   | Gráficos 3D         | 2020
|   1  |    65 |
| 12345121   | Programación        | 2020
|   1  |    65 |
| 12345876   | Gráficos 3D         | 2019
|   1  |    75 |
| 12345876   | Matemática 1        | 2019
|   2  |    55 |
| 12345303   | Gráficos 3D         | 2020
|   1  |    80 |
+------------+--------------------+------
+-----+------+
```

Para buscar las calificaciones de un estudiante, lo tenemos que buscar primero por su número de matrícula en la tabla `estudiante_detalles` y luego leer las calificaciones de esa identificación que se encuentra en la tabla `estudiantes_votos`.

Todavía hay problemas que no hemos considerado. Por ejemplo, ¿debemos mantener información sobre la fecha de inscripción, las direcciones postales, el correo electrónico, las tarifas o la asistencia de un estudiante? ¿Deberíamos almacenar diferentes tipos de direcciones postales? ¿Cómo debemos almacenar direcciones para que todo funcione cuando un estudiante cambia de dirección?

La implementación de una base de datos, de esta manera, es problemática; seguimos topándonos con cosas en las que no habíamos pensado y tenemos que seguir cambiando la estructura de nuestra base de datos. Claramente, podemos ahorrar mucho trabajo documentando cuidadosamente los requisitos y luego procesándolos para desarrollar un diseño consistente.

Hay tres etapas principales en el diseño de bases de datos, cada una de las cuales produce una descripción progresivamente de nivel inferior:

- Análisis de los requisitos;

- Diseño conceptual;

- Diseño lógico

En primer lugar, determinamos y anotamos exactamente para qué sirve la base de datos, qué datos se almacenarán y cómo se relacionan los elementos entre sí. En la práctica, esto podría implicar un estudio detallado de los requisitos de la aplicación y hablar con personas en varios roles que interactuarán con la base de datos y la aplicación.

Una vez que conocemos los requisitos de la base de datos, los transcribimos en una descripción formal del diseño de la base de datos. Veremos cómo usar el modelado para producir un diseño conceptual y, por último, asignamos el diseño de bases de datos a un sistema de administración de bases de datos y creamos tablas para la base de datos.

El Modelo Entidad – Relación

En un nivel básico, las bases de datos almacenan información sobre objetos independientes denominados entidades y asociaciones, o relaciones, entre estas entidades. Por ejemplo, una base de datos universitaria podría almacenar información sobre estudiantes, cursos e inscripciones. Un estudiante y un curso son entidades, mientras que la inscripción es una relación entre un alumno y un curso. Del mismo modo, una base de datos de un inventario y sus ventas podría almacenar información sobre productos, clientes y ventas. Un producto y un cliente son entidades, mientras que una venta es una relación entre un cliente y un producto. Es muy común confundirse entre entidades y relaciones al principio, y no es raro terminar diseñando relaciones como entidades y viceversa.

Un enfoque popular para el diseño conceptual utiliza el modelo de entidad relación (ER - Entity Relationship), que ayuda a convertir los requisitos en una descripción formal de las entidades y relaciones que aparecen en la base de datos. Para ayudar a visualizar el proyecto, el enfoque de Entity Relationship Modeling implica dibujar un diagrama de entidad relación (ER - Entity Relationship). En el diagrama de ER, un conjunto de entidades se representa mediante un rectángulo que contiene el nombre de la entidad.

Por lo general se utiliza la base de datos para almacenar ciertas características o atributos de entidades. En una base de datos de ventas, podemos almacenar el nombre, la dirección de correo electrónico, la dirección postal y el número de teléfono de cada cliente. En una aplicación de gestión de relaciones con el cliente (CRM) más elaborada, también podemos almacenar los nombres del cónyuge e hijos del cliente, los idiomas hablados por el cliente, el historial de interacción del cliente con nuestra empresa, etc. Los atributos describen la entidad a la que pertenecen.

Un atributo puede consistir en partes más pequeñas; Por ejemplo, una dirección postal consta de un número de calle, una ciudad, un código postal y un país/ país. Clasificamos los atributos como compuestos si están compuestos de piezas más pequeñas, por lo que es muy fácil usarlos y trabajar en ellos en caso de cambios. Algunos atributos pueden tener varios valores para una entidad determinada. Por ejemplo, un cliente puede proporcionar números de teléfono diferentes, por lo que el atributo de número de teléfono es multi-valor.

Los atributos ayudan a distinguir una entidad de otras entidades del mismo tipo. Podemos usar el atributo `nombre` para distinguir a los clientes, pero esto puede ser una solución inadecuada porque varios clientes pueden tener nombres idénticos. Para poder distinguirlos, necesitamos un atributo garantizado (o una combinación mínima de atributos) para ser únicos para cada cliente individual, normalmente usando un ID o código de impuestos. El atributo o los atributos de identificación forman una clave.

Podemos suponer, por ejemplo, que dos clientes no tienen la misma dirección de correo electrónico para que la dirección de correo electrónico pueda ser una clave. Sin embargo, debemos pensar cuidadosamente en las implicaciones de nuestras elecciones. Por ejemplo, si decidimos identificar a los clientes a través de su dirección de correo electrónico, sería difícil permitir que un cliente tenga varias direcciones de correo electrónico. Cualquier aplicación que creamos para usar esta base de datos podría tratar cada dirección de correo electrónico como una persona separada y puede ser difícil adaptar todo para permitir que las personas tengan varias direcciones de correo electrónico. El uso de la dirección de correo electrónico como clave también significa que cada cliente debe tener una dirección de correo electrónico; de lo contrario, no seríamos capaces de distinguir a los clientes que no tienen uno.

Piense en los otros atributos que pueden servir como una clave alternativa, aunque es posible que dos clientes tengan el mismo número de teléfono (y por lo tanto no podemos usar el número de teléfono como clave), es probable que las personas que tienen el mismo número de teléfono nunca tengan el mismo nombre, por lo que podemos utilizar la combinación del número de teléfono y el nombre como una clave compuesta.

Claramente, puede haber varias claves posibles que podrían utilizarse para identificar una entidad; sólo tiene que elegir una de las claves alternativas o candidatas, como la clave primaria o primaria. Por lo general, esta elección se hace en función de lo seguro que está de que el atributo nunca estará vacío y que es único para cada entidad individual, fundamental también, lo pequeña que es la clave (las claves más cortas son más rápidas de mantener y usar).

En el diagrama de ER, los atributos se representan con una forma ovalada y están vinculados a su entidad propietaria. Los atributos que componen la clave principal se muestran de una manera subrayada y los atributos de varios valores se muestran como óvalos con un borde doble.

Los valores de atributo se eligen de un dominio de valor legal; por ejemplo, podríamos especificar que el nombre y los atributos del apellido de un cliente pueden ser cada uno una cadena de hasta 100 caracteres, mientras que un número de teléfono puede ser una cadena de hasta 40 caracteres. Del mismo modo, el precio de un producto podría ser un número racional positivo. Los atributos pueden estar vacíos; por ejemplo, es posible que algunos clientes no proporcionen sus números de teléfono. La clave principal de una entidad (incluidos los componentes de una clave principal de varios atributos) nunca debe ser desconocida (técnicamente, debe ser `NOT NULL`); por ejemplo, si un cliente no puede proporcionar una dirección de correo electrónico, no podemos usar la dirección de correo electrónico como clave.

Usted debe pensar cuidadosamente al clasificar un atributo como multivalor: ¿todos los valores son equivalentes o representan realmente cosas diferentes? Por ejemplo, al enumerar varios números de teléfono para un cliente, ¿sería útil etiquetarlos por separado como el número de teléfono comercial del cliente, el número de teléfono residencial, el número de teléfono móvil, etc.?

Veamos otro ejemplo. Los requisitos de la base de datos de ventas pueden especificar que un producto tiene un nombre y un precio. Podemos ver que el producto es una entidad porque es un objeto distinto. Sin embargo, el nombre y el precio del producto no son artículos independientes; son atributos que describen la extensión del producto.

Tenga en cuenta que, si queremos tener precios diferentes para diferentes mercados, el precio ya no está relacionado sólo con el tamaño del producto y tendremos que modelarlo de manera diferente.

Para algunas aplicaciones, ninguna combinación de atributos puede identificar de forma única una entidad (o sería demasiado engorroso usar una clave compuesta grande), por lo que creamos un atributo artificial que se define como único y, a continuación, se puede usar como clave: números de alumno, números de licencia de controlador y números de mosaico de biblioteca son ejemplos de atributos únicos para varias aplicaciones.

En nuestra aplicación de inventario y ventas, es posible que podamos almacenar diferentes productos con el mismo nombre y precio. Por ejemplo, podríamos vender dos modelos de "USB Hub 2.0 de cuatro puertos", ambos a 4,95 € cada uno. Para distinguir entre productos, podemos asignar un número de ID de producto único a cada artículo en stock; esa sería la clave principal. Cada entidad de producto tendría atributos de nombre, precio e ID de producto.

Las entidades pueden participar en relaciones con otras entidades. Por ejemplo, un cliente puede comprar un producto, un alumno puede tomar un curso, un artista puede grabar un álbum, etc.

Al igual que las entidades, las relaciones pueden tener atributos: podemos definir una venta como una relación entre una entidad de cliente (identificada por la dirección de correo electrónico única) y un número de entidad de producto determinado (identificado por el ID de producto único) que existe en una fecha y hora determinadas (la marca de tiempo o timestamp).

Pueden aparecer diferentes números de entidad en cada lado de una relación, por ejemplo, cada cliente puede comprar cualquier número de productos y cada producto se puede comprar a cualquier número de clientes. Esto se conoce como una relación de muchos a muchos, pero también podemos tener relaciones de uno a varios, por ejemplo, una persona puede tener múltiples tarjetas de crédito, pero cada tarjeta de crédito pertenece a una persona. Mirándolo de otra manera, una relación de uno a varios se convierte en una relación de varios a uno; por ejemplo, muchas tarjetas de crédito pertenecen a una persona.

Por último, el número de serie en el motor de un coche es un ejemplo de una relación uno a uno; cada motor tiene un solo número de serie y cada número de serie pertenece a un solo motor. A menudo usamos los términos abreviados 1:1, 1:N y M:N para relaciones uno a uno, uno a muchos y de muchos a muchos, respectivamente.

El número de entidades de ambos lados de una relación (la cardinalidad de la relación) define las limitaciones clave de la relación. Es importante pensar cuidadosamente en la cardinalidad de las relaciones porque hay muchas relaciones que a primera vista pueden parecer una por una (1:1) pero resultar más complejas. Por ejemplo, las personas a veces cambian sus nombres; en algunas aplicaciones, como las bases de datos policiales, esto es de particular interés y, por lo tanto, es posible que deba modelar una relación de varios a varios entre una entidad de persona y una entidad de nombre.

El rediseño de una base de datos puede tardar mucho tiempo si asume que una relación es más simple de lo que realmente es. En un diagrama de ER, representamos una relación con un diamante con el nombre, y la cardinalidad de la relación se indica a menudo junto a la relación diamante.

¿Fila o Columna?

De vez en cuando, nos encontramos con casos en los que nos preguntamos si un elemento debe ser un atributo o una entidad por derecho propio. Por ejemplo, una dirección de correo electrónico podría modelarse como una entidad independiente para, en caso de duda, tener en cuenta estas reglas prácticas:

Los objetos de interés directo deben ser entidades y la información que los describe debe almacenarse en atributos. Nuestra base de datos de inventario y ventas está realmente interesada en los clientes y no en sus direcciones de correo electrónico, por lo que la dirección de correo electrónico tendría mejor forma como un atributo de la entidad cliente.

¿Está compuesto el artículo? En ese caso, necesitamos encontrar una manera de representar estos componentes; una entidad independiente podría ser la mejor solución. En el ejemplo de las calificaciones de los alumnos, realizadas anteriormente, memorizamos el nombre del curso, el año y el semestre de cada curso que sigue un alumno. Sería más compacto tratar el curso como una entidad independiente y crear un número de identificación de clase para identificar cada vez que se ofrece un curso a los estudiantes.

¿Preguntarse si el objeto puede tener varias instancias? En ese caso, necesitamos encontrar una manera de almacenar datos en cada instancia. La forma más limpia de hacerlo es representar el objeto como una entidad independiente. En nuestro ejemplo de ventas, tenemos que preguntarnos si los clientes pueden tener más de una dirección de correo electrónico, y si es así, debemos modelar la dirección de correo electrónico como una entidad independiente.

¿Entidad o Relación?

Una manera fácil de decidir si un objeto debe ser una entidad o relación es asignar nombres en requisitos a entidades y asignar verbos a relaciones. Por ejemplo, en el comunicado "Un programa de grado consta de uno o más cursos", podemos identificar las entidades "programa" y "curso" y el informe "consta de". Del mismo modo, en el comunicado "Un alumno se inscribe en un programa", podemos identificar las entidades "estudiante" y "programa" y la relación "se inscribe".

Por supuesto, podemos elegir términos y relaciones diferentes a los que aparecen en los informes, pero es una buena idea no desviarnos demasiado de las convenciones de nomenclatura utilizadas en los requisitos para que el proyecto se pueda comprobar con los requisitos. Todas las cosas son iguales, tratar de mantener el diseño simple y evitar la introducción de entidades triviales siempre que sea posible; no es necesario tener una entidad separada para la inscripción del estudiante cuando podemos modelarla como una relación entre el estudiante existente y las entidades del programa.

Esquemas

Es una buena idea utilizar una herramienta para dibujar diagramas de ER; De esta manera, puede editar fácilmente diagramas a medida que refina sus diseños, y el diagrama final será claro y no ambiguo. Hay muchos programas que se pueden utilizar para este propósito, pero una gran herramienta gratuita disponible para Linux, MacOS y Windows es MySQL Workbench. Los usuarios de Windows también pueden usar Microsoft Visio.

Una característica muy útil de MySQL Workbench es que puede exportar el proyecto como instrucciones SQL listas para usar a una base de datos MySQL. Aún mejor, puede conectarse a una base de datos MySQL para exportar un proyecto directamente. Es una herramienta muy eficaz, de hecho, también puede decodificar un modelo de ER de una base de datos existente, modificarlo y, a continuación, exportar el proyecto modificado a la base de datos MySQL.

Capítulo 4: Mi Primera Base de Datos

En este capítulo se muestra cómo crear sus propias bases de datos, agregar y quitar estructuras como tablas e índices y tomar decisiones sobre los tipos de columna en las tablas. Se centra en la sintaxis y las características SQL, no en la semántica de concebir, especificar y refinar el diseño de una base de datos. Al final de este capítulo, tendrá todos los conceptos básicos que necesita para crear, modificar y eliminar estructuras de base de datos.

Crear la Base de Datos

Cuando haya terminado de diseñar una base de datos, el primer paso práctico con MySQL es crearla. Para ello, utilice la instrucción CREATE DATABASE. Supongamos que desea crear una base de datos con el nombre banco, aquí está el extracto que se deberá escribir en MySQL:

```
mysql> CREATE DATABASE banco;

Query OK, 1 row affected (0.10 sec)
```

Suponemos que sabe cómo conectarse y utilizar el shell MySQL o que sabe cómo utilizar MySQL Workbench. También suponemos que puede conectarse como usuario root o como otro usuario que puede crear, eliminar y modificar estructuras. Tenga en cuenta que, al crear la base de datos, MySQL dice que una fila ha cambiado.

Esto no es realmente una fila normal en una base de datos específica, sino una nueva entrada agregada a la lista que se muestra con SHOW DATABASES. Después de crear la base de datos, el siguiente paso es usarla, que es elegirla como la base de datos con la que está trabajando. Puede hacer esto con el comando MySQL:

```
mysql> USE banco;

Database changed
```

Este comando debe introducirse en una línea y no debe terminarse con un punto y una coma, aunque normalmente lo hacemos automáticamente fuera de hábito. Después de usar la base de datos, puede empezar a crear tablas, índices y otras estructuras, pero antes de hacerlo, veamos algunas características y limitaciones de la creación de bases de datos. En primer lugar, veamos qué sucede si crea una base de datos existente:

```
mysql> CREATE DATABASE banca;

ERROR 1007 (HY000): Can't create database
banca; database exists
```

Puede evitar este error agregando la frase clave
IF NOT EXISTS a la instrucción:

```
mysql> CREATE DATABASE IF NOT EXISTS banco;

Query OK, 0 rows affected (0.00 sec)
```

Se puede ver que MySQL no se ha quejado,
pero no ha hecho nada: el mensaje "0 rows
affected" indica que no se han cambiado los
datos. Esta adición es útil al agregar
instrucciones SQL a un script: impide que el
script se detenga en caso de error.

Ahora hablemos sobre cómo elegir los nombres
de la base de datos y el uso de casos. Los
nombres de base de datos definen los nombres
de directorios físicos (o carpetas) en el disco.
En algunos sistemas operativos, los nombres
de directorio distinguen entre mayúsculas y
minúsculas; en otros no importa. Por ejemplo,

los sistemas tipo Unix-like como Linux y Mac OS X suelen ser sensibles a mayúsculas y minúsculas, mientras que para Windows son los mismos.

El resultado es que los nombres de base de datos tienen las mismas restricciones: cuando las letras mayúsculas y minúsculas son importantes para el sistema operativo, también es importante respetarlas para MySQL. Por ejemplo, en una máquina Linux, `BANCO`, `BANco` y `banco` son diferentes nombres de base de datos; en Windows, se refieren a una sola base de datos. El uso de letras mayúsculas incorrectas en Linux o Mac OS X causará problemas para MySQL, así que asegúrese de utilizar las letras mayúsculas o minúsculas adecuadamente.

Para que el equipo SQL sea independiente, se recomienda usar constantemente nombres en minúsculas para bases de datos (y para tablas, columnas, alias e índices). Hay otras restricciones en los nombres de base de datos, de hecho, pueden tener hasta 64 caracteres. Además, no debe utilizar palabras reservadas de MySQL, como SELECT, FROM y USE, como nombres para estructuras; pueden confundir el analizador MySQL, por lo que es imposible interpretar el significado de sus instrucciones. Hay una manera de evitar este problema: puede incluir la palabra reservada con el símbolo de backtick (`) en ambos lados.

Además, no puede utilizar algunos caracteres en los nombres: en particular, no puede utilizar la barra diagonal (slash), barra diagonal inversa (backslash), punto y coma y caracteres de período, y un nombre de base de datos no puede terminar en el espacio en blanco.

El uso de estos caracteres confunde el analizador MySQL y puede provocar un comportamiento impredecible, por ejemplo, esto es lo que sucede cuando se introduce un punto y una coma en un nombre de base de datos:

```
mysql> CREATE DATABASE IF NOT EXISTS ba;nco;

Query OK, 1 row affected (0.00 sec)


ERROR 1064 (42000): You have an error in your SQL syntax; check the manual

that corresponds to your MySQL server version for the right syntax to use

near nca at line 1
```

Dado que más de una instrucción SQL puede estar en una sola línea, el resultado es que se crea una base de datos `ba,` por lo que se genera un error a partir de la muy corta instrucción SQL inesperada `nca;`.

Creación de las Tablas

Ahora estamos listos para empezar a crear las tablas que contendrán nuestros datos. Creamos una tabla para contener los detalles del cliente. Por ahora, tendremos una estructura simplificada y hablaremos de más complejidad más adelante. Aquí está la declaración que usamos:

```
mysql> CREATE TABLE cliente (

    -> cliente_id SMALLINT UNSIGNED NOT
NULL DEFAULT 0,

    -> nombre VARCHAR(45) DEFAULT NULL,

    -> apellido VARCHAR(45),

    -> actualizacion TIMESTAMP,

    -> PRIMARY KEY (cliente_id)

    -> );

Query OK, 0 rows affected (0.01 sec)
```

No te asustes: aunque MySQL informa que cero filas se han visto afectadas, definitivamente ha creado la tabla:

```
mysql> SHOW TABLES;

------------------

| Tables_in_banco |

------------------

| cliente          |

------------------

1 row in set (0.01 sec)
```

La instrucción `CREATE TABLE` tiene tres secciones principales:

- La instrucción `CREATE TABLE`, seguida del nombre de la tabla que se va a crear, en este ejemplo es `cliente`;

- Una lista de una o varias columnas que se agregarán a la tabla. En este ejemplo, agregamos algunos;

- Claves opcionales, en este ejemplo, hemos definido una sola clave: `PRIMARY KEY (cliente_id)`

Tenga en cuenta que el componente `CREATE TABLE` va seguido de un paréntesis abierto que corresponde a un paréntesis cerrado al final de la instrucción. Tenga en cuenta también que los demás componentes están separados por comas.

Vamos a discutir las especificaciones de las columnas. La sintaxis básica es la siguiente:

```
nombre tipo [NOT NULL | NULL] [DEFAULT valor]
```

El campo `nombre` es el nombre de la columna y tiene las mismas limitaciones que los nombres de base de datos, como se describe en la sección anterior. Puede tener hasta 64 caracteres, no se permiten barras, así como puntos, no puede terminar con espacio en blanco y la sensibilidad de mayúsculas y discos depende del sistema operativo subyacente.

El `tipo` define cómo y qué se almacena en la columna; por ejemplo, hemos visto que se puede establecer en `VARCHAR` para las cadenas, `SMALLINT` para los números o `TIMESTAMP` para una fecha y una hora.

Si especifica `NOT NULL`, una fila no es válida sin un valor parala columna; si especifica `NULL` u omite la cláusula, puede existir una fila sin un valor para la columna. Si especifica un valor con la cláusula `DEFAULT`, se usará para rellenar la columna cuando no proporcione datos de otro modo; esto es especialmente útil cuando se reutiliza con frecuencia un valor predeterminado como un nombre de país o país. El valor debe ser una constante (como 0, `"gato"` o 20200812045623), excepto si la columna es de tipo `TIMESTAMP`.

Las funciones `NOT NULL` y `DEFAULT` se pueden utilizar juntas. Si especifica `NOT NULL` y agrega un valor `DEFAULT`, el valor predeterminado se utiliza cuando no proporciona un valor para la columna:

```
mysql> INSERT INTO cliente(nombre) values
("Antonio");

Query OK, 1 row affected (0.01 sec)
```

A veces puede presentar algunos problemas:

```
mysql> INSERT INTO cliente(nombre) values
("Elisabetta");

ERROR 1062 (23000): Duplicate entry 0 for
key cliente.PRIMARY
```

Si funciona o no depende de las restricciones y condiciones subyacentes de la base de datos: en este ejemplo, `cliente_id` tiene un valor predeterminado de 0, pero también es la clave principal.

No se permite tener dos filas con el mismo valor de clave principal, por lo que el segundo intento de insertar una fila sin valores (y un valor de clave principal resultante de 0) no tendrá un buen fin.

Los nombres de columna tienen menos restricciones que los nombres de base de datos y tablas, y tampoco dependen del sistema operativo: los nombres no distinguen mayúsculas de minúsculas y se pueden transferir a todas las plataformas. Todos los caracteres están permitidos en los nombres de columna, si desea terminarlos con espacio en blanco o incluir puntos (u otros caracteres especiales como el punto y coma), deberá incluir el nombre con un símbolo de backtick (`) en ambos lados. Le recomendamos que elija constantemente nombres en minúsculas y evite caracteres que requieran que recuerde usar backticks.

Asignar un nombre a las columnas, así como otros objetos de base de datos, son una preferencia personal, pero es mejor seguir los estándares cuando se trabaja en una base de código existente. Por ejemplo, el nombre de la columna `cliente_nombre` aparecería redundante cuando el nombre de la tabla le precede (por ejemplo, en una consulta de combinación compleja). Normalmente, se hace una excepción a esto: el nombre omnipresente de la columna `id` no debe utilizarse ni tener el nombre de la tabla preparado para mayor claridad.

Otra buena práctica es usar el carácter de subrayado (_) para separar palabras; puede usar guiones u omitir el formato de separación de palabras por completo. Sin embargo, la notación "CamelCase" es más difícil de leer, y al igual que con los nombres de base de datos y tabla, el nombre de columna más largo será de 64 caracteres.

Puede usar la frase clave `IF NOT EXISTS` al crear una tabla que funcione de forma similar a las bases de datos. A continuación, se muestra un ejemplo que no notifica un error incluso cuando existe la tabla de cliente:

```
mysql> CREATE TABLE IF NOT EXISTS cliente
(

    -> cliente_id SMALLINT UNSIGNED NOT
NULL DEFAULT 0,

    -> nombre VARCHAR(45) DEFAULT NULL,

    -> apellido VARCHAR(45),

    -> last_update TIMESTAMP,

    -> PRIMARY KEY (cliente_id)

    -> );


Query OK, 0 rows affected (0.00 sec)
```

Tipos de Datos

En esta sección se describen los tipos de columna que puede utilizar en MySQL. Explique cuándo se debe utilizar cada uno de ellos y las limitaciones que tiene. Los tipos se agrupan según su propósito y trataremos los tipos de datos ampliamente utilizados, mencionando pasando los tipos más avanzados o menos utilizados. Lo más probable es que no recuerde cada uno de los tipos de datos y sus complejidades particulares, pero le aseguro que vale la pena volver a leer este capítulo cuando lo necesite o si tiene alguna duda y consulte la documentación de MySQL sobre el tema para mantener sus conocimientos actualizados.

```
INT [UNSIGNED]
```

El tipo de valor numérico más utilizado. Almacena valores enteros (números enteros) en el rango de -2.147.483.648 y 2.147.483.647. Si se agrega la palabra clave UNSIGNED, que es opcional, el intervalo está entre 0 y 4.294.967.295. La palabra clave INT es la abreviatura de INTEGER y se puede utilizar de forma equivalente. Una columna INT requiere cuatro bytes de espacio de almacenamiento.

BIGINT [UNSIGNED]

En el mundo donde el tamaño de los datos está creciendo, tener tablas con una serie de filas en el orden de miles de millones se está generalizando cada vez más. Incluso las simples columnas del tipo id pueden requerir un rango mayor que un INT normal proporciona, y BIGINT resuelve este problema. Es un tipo de numero entero con un intervalo con signo entre -9223372036854775808 y 9223372036854775807. BIGINT sin signo puede almacenar números del 0 al 18446744073709551615, y la columna de este

tipo requerirá ocho bytes de memoria.
Internamente, todos los cálculos dentro de
MySQL se realizan utilizando valores BIGINT o
DOUBLE con signo.

La consecuencia importante es que usted debe
ser extremadamente cuidadoso al tratar con un
número extremadamente grande. En primer
lugar, los enteros grandes sin signos superiores
a 9223372036854775807 solo deben utilizarse
con funciones de bits. En segundo lugar, si el
resultado de una operación aritmética es mayor
que 9223372036854775807, pueden
producirse resultados inesperados:

```
mysql> CREATE TABLE test_bigint (id BIGINT
UNSIGNED);

mysql> INSERT INTO test_bigint VALUES
(18446744073709551615);

Query OK, 1 row affected (0.01 sec)

mysql> INSERT INTO test_bigint VALUES
(18446744073709551615-1);

Query OK, 1 row affected (0.01 sec)
```

```
mysql> INSERT INTO test_bigint VALUES
(18446744073709551600*100);

ERROR 1690 (22003): BIGINT value is out of
range in (18446744073709551600 * 100)
```

Aunque si 18446744073709551600 es menor
que 18446744073709551615, ya que `BIGINT`
con signo se utiliza internamente para la
multiplicación, se produce un error "out of
range". El tipo de datos `SERIAL` se puede utilizar
como alias para `BIGINT UNSIGNED NOT NULL`
`AUTO_INCREMENT UNIQUE`. Estos son casos límite,
pero es posible que los necesite.

`TINYINT [UNSIGNED]`

Representa el tipo de datos numérico más
pequeño con el rango -128 a 127 con signo y de
0 a 255 sin signo. Solo requiere un byte de
memoria.

74

BOOL

Por lo general, los tipos booleanos solo aceptan dos valores: true o false. Sin embargo, dado que BOOL en MySQL es un tipo entero, puede almacenar valores de -128 a 127. El valor 0 se considerará false y todos los valores distintos de cero verdaderos, también puede usar alias true y false especiales para 1 y 0 respectivamente.

```
mysql> CREATE TABLE test_bool (i BOOL);

Query OK, 0 rows affected (0.04 sec)

mysql> INSERT INTO test_bool VALUES (true),(false);

Query OK, 2 rows affected (0.00 sec)

Records: 2  Duplicates: 0  Warnings: 0

mysql> INSERT INTO test_bool VALUES (1),(0),(-128),(127);

Query OK, 4 rows affected (0.02 sec)

Records: 4  Duplicates: 0  Warnings: 0
```

```
mysql> SELECT i, IF(i,true,false) FROM
test_bool;
+------------------------------+
| i    | IF(i,true,false) |
+------------------------------+
|    1 | true             |
|    0 | false            |
|    1 | true             |
|    0 | false            |
| -128 | true             |
|  127 | true             |
+------------------------------+
6 rows in set (0.01 sec)
```

Los tipos de datos DECIMAL y NUMERIC en MySQL
se consideran iguales, por lo que aquí solo
describiremos DECIMAL y todo también se
aplicará a NUMERIC. La principal diferencia entre
los tipos de punto fijo y los tipos de punto
flotante es la precisión. Para los tipos de punto
fijo, el valor recuperado es idéntico al valor
almacenado; esto no siempre es cierto para
tipos como FLOAT y DOUBLE descritos a
continuación. Esta es la propiedad más
importante del tipo de datos DECIMAL.

```
DECIMAL[(grandeza[,decimales])] [UNSIGNED]
[ZEROFILL]
```

Almacena un número de punto fijo útil para almacenar un salario o una distancia. El valor máximo de `grandeza` es 255, por ejemplo, una columna declarada `DECIMAL (6,2)` debe utilizarse para almacenar valores en el rango de −9999,99 a 9999,99 mientras que `DECIMAL (10,4)` permitiría valores como 123456.1234.

La `grandeza` es opcional y se omite cuando el valor especificado es 10. El número de `decimales` es opcional y, si se omite, toma un valor de 0; el valor máximo de `decimales` debe ser inferior a dos al valor de la `grandeza`. El valor máximo de la `grandeza` es 65 y mientras que para los `decimales` es de 30.

Si solo almacena valores positivos, puede utilizar la palabra clave `UNSIGNED` como se describe para `INT`. Los valores de la columna `DECIMAL` se almacenan mediante un formato binario y este formato utiliza cuatro bytes por cada nueve dígitos.

Hay otros dos tipos que admiten puntos decimales: DOUBLE (también conocido como REAL) y FLOAT. Están diseñados para almacenar valores numéricos aproximados en lugar de los valores exactos almacenados por DECIMAL.

¿Por qué usar valores aproximados? La respuesta es que muchos números con un punto decimal son aproximaciones de cantidades reales. Por ejemplo, supongamos que gana 50.000 € al año y desea guardarlo como su salario mensual.

Cuando lo conviertes a una cantidad mensual, es igual a 4166,6666666667 €. Si lo recuerda como 4166,67, no es lo suficientemente exacto como para convertirlo en un salario anual (ya que 12 multiplicados por 4166,67 es igual a 50.000,04).

Aquí es donde DOUBLE y FLOAT son útiles: le permiten almacenar valores como 2/3 o pi con un gran número de decimales, permitiendo representaciones aproximadas precisas de cantidades exactas. A continuación, puede utilizar la función ROUND() para restaurar los resultados con una precisión determinada.

```
mysql> CREATE TABLE salario (monthly DOUBLE);

Query OK, 0 rows affected (0.09 sec)

mysql> INSERT INTO salario VALUES (50000/12);

Query OK, 1 row affected (0.00 sec)
```

Veamos qué se almacena:

```
mysql> SELECT * FROM salario;
----------------
| mensual        |
----------------
| 4166.666666666 |
----------------
1 row in set (0.00 sec)

mysql> SELECT mensual*12 FROM salario;
```

```
--------------------
| mensual*12        |
--------------------
| 49999.999999992004 |
--------------------
1 row in set (0.00 sec)
```

Para recuperar el valor original, aún necesita redondear con la precisión deseada. Por ejemplo, su empresa puede requerir una precisión de hasta cinco decimales. En este caso, podría restaurar el original:

```
mysql> SELECT ROUND(mensual*12,5) FROM
salario;
--------------------
| ROUND(mensual*12,5) |
--------------------
|           50000.00000 |
--------------------
1 row in set (0.00 sec)


FLOAT[(grandeza, decimales)] [UNSIGNED]

FLOAT[(precision)] [UNSIGNED]
```

Veamos las diferencias entre FLOAT y DOUBLE. FLOAT almacena números de punto flotante y tiene dos sintaxis opcionales: la primera permite un número opcional de decimales y una grandeza opcional, la segunda permite una precision opcional que controla la exactitud de la aproximación medida en bits. Sin parámetros, el tipo almacena pequeños valores de punto flotante con una sola precisión de cuatro bytes; por lo general, se utiliza sin proporcionar ningún parámetro. Cuando la precisión está entre 0 y 24, el comportamiento predeterminado se produce, si es mayor, el tipo se comporta como para DOUBLE. La grandeza no tiene ningún efecto en lo que se almacena, sino solo en lo que se muestra.

DOUBLE almacena números de punto flotante y permite un número opcional de decimales y una grandeza de visualización opcional. Sin parámetros, el tipo almacena valores de punto flotante normales a ocho bytes, pero con doble precisión; por lo general, se utiliza sin proporcionar ningún parámetro. La grandeza no tiene ningún efecto en lo que se almacena, sino solo en lo que se muestra.

`VARCHAR(grandeza)`

En cuanto a las cadenas, probablemente el tipo de cadena más utilizado es VARCHAR, que almacena cadenas de longitud variable de hasta una `grandeza` máxima de 65535 caracteres. La mayor parte de la información que se aplica a este tipo también se aplicará a otros tipos de cadenas.

Los tipos `CHAR` y `VARCHAR` son muy similares, pero tienen algunas distinciones importantes. `VARCHAR` incurre en uno o dos bytes adicionales de sobrecarga para almacenar el valor de cadena, dependiendo de si el valor es menor o mayor que 255 bytes. Tenga en cuenta que esto no coincide con la `grandeza` de la cadena en caracteres, ya que algunos caracteres pueden tardar hasta 4 bytes de espacio.

Puede parecer obvio entonces que `VARCHAR` es menos eficiente, sin embargo, esto no siempre es cierto porque almacena cadenas de longitud arbitraria, pero las cadenas más cortas requerirán menos memoria que un CHAR de igual grandeza.

Otra diferencia es su manejo de los espacios finales, de hecho, VARCHAR mantiene los puntos finales hasta la longitud de la columna especificada y cortará el exceso, produciendo una alerta. En los valores CHAR, los espacios finales no se conservan mientras que para VARCHAR, son significativos a menos que se recorten y cuenten como valores únicos. TEXT y CHAR muestran el mismo comportamiento.

BINARY[(grandeza)]

VARBINARY(grandeza)

Estos tipos son muy similares a CHAR y VARCHAR, pero almacenan cadenas binarias. Las cadenas binarias tienen un conjunto de caracteres binarios y una intercalación especial. La ordenación depende de los valores numéricos de los bytes de los valores almacenados.

En lugar de cadenas de caracteres, se almacenan cadenas de bytes. BINARY trata los espacios como un carácter significativo y no como un carácter de relleno. Si necesita almacenar datos que pueden terminar con cero bytes que son significativos para el usuario, debe usar los tipos VARBINARY o BLOB. Es importante tener en cuenta el concepto de cadena binaria al trabajar con ambos tipos de datos. Incluso si aceptan cadenas, no son sinónimos de tipos de datos que usan cadenas de texto, porque no se puede cambiar el caso (en mayúsculas o minúsculas) de las letras almacenadas, porque ese concepto realmente no se aplica a los datos binarios.

Al igual que con los tipos numéricos, se recomienda elegir siempre el tipo más pequeño posible para almacenar valores. Por ejemplo, si almacena un nombre de ciudad, utilice CHAR o

`VARCHAR` en lugar del tipo `TEXT`. Tener columnas más pequeñas ayuda a mantener el tamaño de la tabla bajo, lo que a su vez mejora el rendimiento cuando el servidor necesita buscar en una tabla.

El uso de un tamaño fijo con el tipo `CHAR` es a menudo más rápido que usar un tamaño variable con `VARCHAR`, porque el servidor MySQL sabe exactamente dónde comienza y termina cada fila y puede omitir rápidamente las líneas para encontrar la que necesita. Sin embargo, con los campos de longitud fija, se desperdicia el espacio que no usa.

En general, si el espacio de almacenamiento es limitado o se esperan grandes variaciones en la longitud de las cadenas que se almacenarán, utiliza un campo de longitud variable; si el rendimiento es una prioridad, utilice una longitud fija.

DATE

Almacena y muestra una fecha en el formato "`AAAA-MM-DD`" para el rango 1000-01-01 a 9999-12-31. Las fechas siempre deben introducirse como año, mes y día, pero el formato de entrada puede variar, como se muestra en los siguientes ejemplos:

`AAAA-MM-DD` o `AA-MM-DD`: Es opcional si usted proporciona dos o cuatro dígitos años. Se recomienda encarecidamente utilizar la versión de cuatro dígitos para evitar confusiones sobre el siglo. En la práctica, si utiliza la versión de dos dígitos, encontrará que de 70 a 99 se interpretan a partir de 1970 a 1999 y de 00 a 69 a partir de 2000 a 2069.

`AAAA/MM/DD, AAAA:MM:DD, AA/MM/DD`

`AAAA-M-D, AAAA-MM-D, AAAA-M-DD`: Cuando se utiliza la puntuación, los días y meses de un dígito se pueden especificar como tales. Por ejemplo, el 2 de febrero de 2006, se puede especificar como 2006-2-2. Se puede utilizar el equivalente del año de dos dígitos, pero no se recomienda.

AAAAMMDD o AAMMDD: La puntuación se puede omitir en ambos estilos, pero las secuencias de dígitos deben tener seis u ocho dígitos de largo.

También puede introducir una fecha proporcionando una fecha y una hora en los siguientes formatos para TIMESTAMP, pero solo el componente de fecha se almacena en una columna DATE. Independientemente del tipo de entrada, el tipo de almacenamiento y visualización es siempre AAAA-MM-DD. La fecha cero 0000-00-00 está permitida en todas las versiones y se puede utilizar para representar un valor desconocido o ficticio.

```
mysql> CREATE TABLE testdate (mifecha
DATE);

Query OK, 0 rows affected (0.00 sec)

mysql> INSERT INTO testdate VALUES
(2020/02/0);
```

ERROR 1292 (22007): Incorrect date value: *2020/02/0* for column *mifecha* at row 1

mysql> INSERT INTO testdate VALUES (*2020/02/1*);

Query OK, 1 row affected (0.00 sec)

mysql> INSERT INTO testdate VALUES (*2020/02/31*);

ERROR 1292 (22007): Incorrect date value: *2020/02/31* for column *mifecha* at row 1

mysql> INSERT INTO testdate VALUES (*2020/02/100*);

ERROR 1292 (22007): Incorrect date value: *2020/02/100* for column *mifecha* at row 1

mysql> SELECT * FROM testdate;

| mifecha |

| 2020-02-01 |

----

1 row in set (0.00 sec)

88

```
TIME [fraccion]
```

Almacena una hora en el formato `"HHH:MM:SS"` para el rango -838:59:59 a 838:59:59. Los valores que se pueden almacenar están fuera del intervalo de reloj de 24 horas para permitir el cálculo y almacenamiento de grandes diferencias entre los valores de tiempo (hasta 34 días, 22 horas, 59 minutos y 59 segundos). `fraccion` en TIME y otros tipos de datos relacionados especifica la precisión de los segundos fraccionarios en el rango 0 a 6, su valor predeterminado es 0, lo que significa que no se conservan los segundos fraccionarios.

Los valores deben introducirse siempre en el orden de días, horas, minutos y segundos, utilizando los siguientes formatos:

```
DD HH:MM:SS[.fraccion]
```

```
HH:MM:SS[.fraccion]
```

```
DD HH:MM
```

```
HH:MM

DD HH

SS[.fraccion]

H:M:S

AAAA-MM-DD HH:MM:SS

AA-MM-DD HH:MM:SS

AAAAMMDDHHMMSS

AAMMDDHHMMSS

TIMESTAMP
```

DD representa un valor de uno o dos dígitos de días entre 0 y 34. El valor "DD" está separado del valor de tiempo "HH", por un espacio, mientras que los otros componentes están separados por los dos puntos. Tenga en cuenta que "MM: SS" no es una combinación válida, ya que no puede ser desambiguada por "HH:MM". Si la definición TIME no especifica la fraccion o se establece en 0, la inserción de fracciones de segundos redondeará los valores al segundo más cercano.

Por ejemplo, si escribe "2 13:25:58.999999" en una columna del tipo TIME con fraccion de 0, se almacena el valor 61:25:59, porque la suma de 2 días (48 horas) + 13 horas es de 61 horas.

```
mysql> CREATE TABLE test_time(id SMALLINT,
mihorario TIME);

Query OK, 0 rows affected (0.00 sec)

mysql> INSERT INTO test_time VALUES(1, "2
13:25:59");

Query OK, 1 row affected (0.00 sec)

mysql> INSERT INTO test_time VALUES(2, "35
13:25:59");

ERROR 1292 (22007): Incorrect time value:
35 13:25:59 for column mihorario at row 1

mysql> INSERT INTO test_time VALUES(3,
"900.32");

Query OK, 1 row affected (0.00 sec)

mysql> SELECT * FROM test_time;
```

```
----------------+
| id    | mihorario|
----------------+
|     1 | 61:25:59 |
|     3 | 00:09:00 |
----------------+
2 rows in set (0.00 sec)
```

El tipo `TIMESTAMP[(fraccion)]` almacena y visualiza un par de fecha y hora en el formato `"AAAA-MM-DD HH:MM:SS"`. `fraccion` de zona horaria para el rango 1970-01-01 00: 00: 01.000000 a 2038-01-19 03:14 : 07.999999. Este tipo es muy similar al tipo `DATETIME`, pero hay pocas diferencias, de hecho, ambos tipos aceptan un indicador de zona horaria para el valor de entrada en la última versión de MySQL.

Ambos tipos almacenarán y presentarán datos de la misma manera al cliente en la misma zona horaria, sin embargo, los valores de las columnas `TIMESTAMP` siempre se almacenan internamente en la zona horaria UTC, lo que le permite obtener automáticamente una zona horaria local para los clientes en diferentes zonas horarias. Esta es una distinción muy importante tanto que probablemente, `TIMESTAMP` es más conveniente de usar cuando sabes que estás tratando con varias zonas horarias.

Charsets

Dado que no todo el mundo quiere almacenar caracteres en inglés, es importante que DBMS pueda controlar caracteres que no son ingleses y diferentes formas de ordenar caracteres. Al comparar u ordenar cadenas, la forma en que MySQL evalúa el resultado depende del juego de caracteres y la intercalación utilizada. Los conjuntos de caracteres definen qué caracteres se pueden almacenar; por ejemplo, es posible que deba almacenar caracteres que no sean ingleses, como î o ü.

La intercalación define cómo se ordenan las cadenas y hay diferentes intercalaciones disponibles para diferentes idiomas: por ejemplo, la posición del carácter ü en el alfabeto es diferente en dos órdenes alemanas como en sueco y finlandés.

En nuestros ejemplos anteriores de comparación de cadenas, ignoramos el problema de la intercalación y el juego de caracteres y dejamos que MySQL utilizara sus valores predeterminados; En las versiones de MySQL anteriores a 8.0, el juego de caracteres predeterminado es `latin1` y la comparación predeterminada es `latin1_swedish_ci`. MySQL 8.0 ha cambiado la configuración predeterminada y ahora el juego de caracteres predeterminado es `utf8mb4` y la intercalación predeterminada es `utf8mb4_0900_ai_ci`.

MySQL se puede configurar para utilizar diferentes conjuntos de caracteres y órdenes de comparación en los niveles de conexión, base de datos, tabla y columna.

Es posible enumerar los conjuntos de caracteres disponibles en el servidor con el comando `SHOW CHARACTER SET`, muestra una breve descripción para cada juego de caracteres, la intercalación predeterminada y el número máximo de bytes utilizados para cada carácter de ese juego de caracteres.

Por ejemplo, el juego de caracteres `latin1` es en realidad la página de códigos de Windows 1252 que admite idiomas de Europa occidental. La intercalación predeterminada para este juego de caracteres es `latin1_swedish_ci`, que sigue a las convenciones suecas para ordenar caracteres acentuados. Esta comparación no distingue mayúsculas de minúsculas, como indican las letras `ci`, y finalmente, cada carácter ocupa un byte. En comparación, si utiliza el juego de caracteres `utf8mb4` predeterminado, cada carácter requiere hasta cuatro bytes de memoria. A veces tiene sentido cambiar esa configuración predeterminada, por ejemplo, no hay ninguna razón para almacenar datos codificados en base64 en `utf8mb4`. Con una columna de 128 caracteres de ancho, en millones de líneas estás manejando alrededor de 350 MiB de sobrecarga solo en el juego de personajes en el peor de los casos.

Por lo general, no es necesario cambiar ninguna configuración si instaló MySQL correctamente para su idioma y región y si no va a internacionalizar la aplicación. Dado que `utf8mb4` es la configuración predeterminada de MySQL 8.0, es aún menos necesario cambiar el juego de caracteres. Si lo necesitas, sabes cómo hacerlo ahora.

Capítulo 5: El Lenguaje SQL Básico

SELECT

Hasta este punto, ha aprendido a instalar y configurar MySQL y cómo utilizar la línea de comandos de MySQL. Ahora que entiende el modelo de ER, está listo para empezar a explorar sus datos y aprender el lenguaje SQL utilizado por todos los clientes de MySQL. En esta sección, presentamos la palabra clave SQL más utilizada: la palabra clave `SELECT`.

También explicamos algunos elementos básicos de estilo y sintaxis, y las características de la cláusula `WHERE`, operadores booleanos y clasificación (gran parte de esto también se aplica a nuestras discusiones posteriores sobre `INSERT`, `UPDATE` y `DELETE`).

La forma más simple de `SELECT` lee datos en todas las filas y columnas de una tabla.

Conéctese a MySQL utilizando la línea de comandos y elija la base de datos:

```
mysql> use banco;
Database changed
mysql(banco)> SELECT * FROM cliente;
----------------------------------------
---
| cliente_id | nombre    | apellido |
actualizacion      |
----------------------------------------
-----------
|          1 | Antonio  | Rossi     |
2020-02-15 05:02:19 |
|          2 | Mario    | Bianchi   |
2020-02-15 05:02:19 |
|          3 | Ludovica | Verdi     |
2020-02-15 05:02:19 |
----------------------------------------
---
3 rows in set (0.00 sec)
```

La salida tiene tres filas y cada fila contiene valores para todas las columnas de la tabla. Ahora sabemos que hay tres clientes y podemos verlos con identificadores, nombre, apellidos y fecha de actualización.

Una simple instrucción SELECT tiene cuatro componentes: la palabra clave SELECT, las columnas que se mostrarán (en nuestro ejemplo solicitamos todas las columnas usando el símbolo `*)`, la palabra clave `FROM` y el nombre de la tabla. Juntando todo, pedimos todas las columnas de la tabla de `cliente` y eso es lo que MySQL nos devolvió.

Hasta ahora ha utilizado el caracter `*` para recuperar todas las columnas de una tabla. Si no desea ver todas las columnas, es fácil ser más específico enumerando las columnas que desea, en el orden que desee, separadas por comas. Por ejemplo, si solo desea la columna `nombre` de la tabla clientes, debe escribir:

```
mysql(banco)> SELECT nombre FROM cliente;
------------
| nombre   |
------------
| Antonio  |
| Mario    |
| Ludovica |
------------
3 rows in set (0.00 sec)
```

Puede agregar más columnas separadas por comas para recuperar más datos.

UPDATE

La instrucción UPDATE se utiliza para modificar los datos. En esta sección, le mostramos cómo actualizar varias filas en una sola tabla.

El uso más fácil de la instrucción UPDATE es editar todas las filas de una tabla. Normalmente no es necesario cambiar todas las filas de una tabla de la base de datos - cualquier ejemplo es un poco artificial - pero hagámoslo de todos modos. Para cambiar los nombres de los clientes a mayúsculas, puede utilizar:

```
mysql> UPDATE cliente SET nombre = UPPER(nombre);

Query OK, 3 rows affected (0.04 sec)

Rows matched: 3  Changed: 3  Warnings: 0
```

La función UPPER() es una función de MySQL que devuelve la versión en mayúsculas del texto pasado como parámetro. Puede ver que los tres clientes han cambiado, ya que las tres líneas se notifican como cambiadas. Mientras que la función LOWER() hace todo lo contrario, convirtiendo todo el texto a minúsculas.

La segunda línea de una instrucción UPDATE muestra el efecto general de la instrucción. La primera columna muestra el número de filas que se recuperaron como respuestas de la instrucción; en este caso, dado que no hay cláusulas WHERE o LIMIT, las tres filas de la tabla coinciden con la consulta. La segunda columna muestra cuántas filas deben cambiarse y este número siempre es igual o menor que el número de filas que coinciden con la consulta; En este ejemplo se cambian las tres líneas porque ninguna de las cadenas se capitaliza por completo. Si repite la instrucción, verá un resultado diferente:

```
mysql>  UPDATE   cliente   SET   nombre   =
UPPER(nombre);

Query OK, 0 rows affected (0.04 sec)

Rows matched: 3  Changed: 0  Warnings: 0
```

Esta vez, debido a que todos los clientes ya
están en mayúsculas, tres líneas todavía
coinciden con el estado de cuenta, pero
ninguna cambia. Observe también que el
número de filas cambiadas siempre es igual al
número de filas afectadas por el comando,
como se muestra en la primera línea de la
salida.

DELETE

El uso más fácil de DELETE es eliminar todas las filas de una tabla. Supongamos que desea vaciar una tabla, tal vez porque ocupa demasiado espacio o porque desea compartir la base de datos con otra persona y no desea mostrar los datos de producción. Esto es posible con:

```
mysql> DELETE FROM cliente;

Query OK, 3 rows affected (0.07 sec)
```

La sintaxis DELETE no incluye nombres de columna porque se usa para quitar filas enteras y no solo valores de una fila. Para restablecer o cambiar un valor en una fila, utilice la instrucción UPDATE, descrita anteriormente. Sin embargo, la instrucción DELETE no quita la propia tabla, por ejemplo, después de eliminar todas las filas de la tabla, todavía puede consultar la tabla:

```
mysql> SELECT * FROM cliente;

Empty set (0.00 sec)
```

Por supuesto, también puede seguir insertando nuevas líneas mediante el comando INSERT. Para quitar una tabla, utilice la instrucción DROP:

```
mysql> DROP TABLE cliente;

Query OK, 0 rows affected (0.03 sec)
```

No te preocupes: el mensaje dice que 0 filas se ven afectadas, pero es engañoso ya que el mensaje es el mismo, aunque la tabla contenga muchas filas. Encontrará que la tabla se ha eliminado permanentemente. Puede utilizar la frase IF EXISTS para evitar errores. Intentemos borrar la tabla de nuevo:

```
mysql> DROP TABLE IF EXISTS cliente;

Query OK, 0 rows affected (0.03 sec)
```

Para borrar varias tablas, puede utilizar la coma para separar sus nombres:

```
mysql> DROP TABLE IF EXISTS cliente,
cuenta;

Query OK, 0 rows affected (0.03 sec)
```

Capítulo 6: Agregar Condiciones WHERE

En esta sección se presenta la cláusula WHERE y se explica cómo utilizar operadores para escribir expresiones. Utilizará WHERE en las instrucciones SELECT y también en otras instrucciones como UPDATE y DELETE. La cláusula WHERE es una herramienta eficaz que permite elegir qué filas devuelve una instrucción SELECT.

Lo puedes usar para devolver filas que coinciden con una condición, como un valor de columna que coincida exactamente con una cadena, un número mayor o menor que un valor o una cadena que sea el prefijo de otro.

Casi todos nuestros ejemplos en este capítulo contienen cláusulas WHERE y usted se familiarizará con él.

El ejemplo más sencillo es aquel en el que busca la coincidencia exacta con un valor. Considere un ejemplo en el que queremos averiguar los detalles del cliente con un identificador de 1. Esto es lo que escribirás:

```
mysql(banco) > select * from cliente
where cliente_id = 1;
------------------------------------------
---
| cliente_id | nombre      | apellido |
actualizacion          |
------------------------------------------
-----------
|           1 | Antonio   | Rossi    |
2020-02-15 05:02:19 |
------------------------------------------
---
1 rows in set (0.00 sec)
```

MySQL devuelve todas las filas que coinciden con nuestros criterios de búsqueda, en este caso solo una fila y todas sus columnas. Vamos a intentar buscar el nombre del cliente con un identificador de 1:

```
mysql(banco) > select nombre from cliente
where cliente_id = 1;

-----------

| nombre      |

-----------

| Antonio  |

-----------

1 rows in set (0.00 sec)
```

Para los números, los operadores utilizados con mayor frecuencia son: igual a (=), mayor que (>), menor que (<), menor o igual (<=), mayor o igual (> =) y diferentes (<> o !=). Tenga en cuenta que puede utilizar <> o != para comprobar si hay desigualdad y puede utilizar estos mismos operadores para las cadenas.

De forma predeterminada, las comparaciones de cadenas no distinguen mayúsculas de minúsculas y utilizan el juego de caracteres actual. por ejemplo:

```
mysql(banco) > select nombre from cliente
where nombre < B;

------------

| nombre      |

------------

| Antonio  |

------------

1 rows in set (0.00 sec)
```

Otra tarea muy común que desea realizar con cadenas es buscar coincidencias que comiencen con un prefijo, contengan una cadena o terminen con un sufijo. Por ejemplo, es posible que encuentre todos los nombres de los clientes que comienzan con la palabra "Ant". Puede hacerlo con el operador LIKE en una cláusula WHERE. Veamos un ejemplo en el que estamos buscando a todos los clientes con el nombre empezando por "Ant":

```
mysql(banco) > select nombre from cliente
where nombre like '% Ant%';

- - - - - - - - - - -

| nombre      |

- - - - - - - - - - -

| Antonio  |

- - - - - - - - - - -

1 rows in set (0.00 sec)
```

La cláusula `LIKE` se utiliza con cadenas y significa que una coincidencia debe satisfacer el patrón de la cadena siguiente. En nuestro ejemplo, usamos `LIKE "% Ant%"`, lo que significa que la cadena que contiene "Ant" puede ser precedida o seguida por cero o más caracteres.

La mayoría de las cadenas utilizadas con `LIKE` contienen el carácter de porcentaje (`%`) como un carácter comodín que corresponde a todas las cadenas posibles. También puede usarlo para definir una cadena que termine con un sufijo. Por ejemplo, en nuestro caso "Antonio" será emparejado, pero "Marco Antonio" también habría sido válido.

Capítulo 8: Limitar Los Resultados

LIMIT

La cláusula LIMIT es una herramienta SQL útil y no estándar que controla qué filas se emiten. Su formulario básico le permite limitar el número de filas devueltas por una instrucción SELECT, lo que resulta útil cuando se desea limitar la cantidad de datos comunicados en una red o salida en la pantalla. Podría usarlo, por ejemplo, para obtener una muestra de los datos de la tabla como lo hicimos nosotros. Este es un ejemplo:

```
mysql(banco) > select * from cliente
limit 2;
------------------------------------
---
| cliente_id | nombre    | apellido |
actualizacion      |
------------------------------------
-----------
|          1 | Antonio | Rossi    |
2020-02-15 05:02:19 |
|          3 | Ludovica | Verdi    |
2020-02-15 05:02:19 |
```

```
--------------------------------------------
---
2 rows in set (0.00 sec)
```

La cláusula LIMIT puede tener dos argumentos.
Con dos argumentos, el primer argumento
especifica el desplazamiento de la primera fila
que se devolverá y el segundo argumento
especifica el número máximo de filas que se
devolverá. Supongamos que desea cinco
líneas, pero desea que la primera que parece
ser la sexta línea del conjunto de respuestas,
tendríamos algo como esto:

```
mysql(banco) > select * from cliente limit
5, 5;
```

La salida será la fila 6 a 10 de la consulta
SELECT. Hay una sintaxis alternativa que puede
ver para la palabra clave LIMIT: en lugar de
escribir LIMIT 10,5, puede escribir LIMIT 10
OFFSET 5.

Capítulo 9: Combinación de Varias Tablas

JOIN

Hasta ahora hemos trabajado con una sola tabla en nuestras consultas `SELECT`. Sin embargo, ha visto en el modelo de ER, que una base de datos relacional se trata de trabajar con relaciones de tabla para satisfacer las necesidades de información.

La sintaxis que usamos aquí es `INNER JOIN`, que oculta algunos detalles y es la más fácil de aprender. ¿Cómo funciona eso? La instrucción tiene dos partes: en primer lugar, dos nombres de tabla separados por las palabras clave `INNER JOIN`; más adelante, la palabra clave `ON` indica qué columna (o columnas) contiene la relación entre las dos tablas. En nuestro ejemplo, las dos tablas que se van a combinar son `ciudad` y `pais`, expresadas como `ciudad INNER JOIN` pais (lo básico, sin importar en qué orden enumere las tablas y luego invierta las tablas que tiene el mismo efecto).

Así es como se compone la tabla de la ciudad:

```
mysql(banco) > select * from ciudad;
-------------------------------------------
------------------------+
| ciudad_id | nombre_ciudad       |
pais_id | actualizacion       |
-------------------------------------------
------------------------+
|        1 | A Corua (La Corua)  |
87 | 2006-02-15 04:45:25 |
|        2 | Abha                |
82 | 2006-02-15 04:45:25 |
|        3 | Abu Dhabi           |
101 | 2006-02-15 04:45:25 |...
|      599 | Zhoushan            |
23 | 2006-02-15 04:45:25 |
|      600 | Ziguinchor          |
83 | 2006-02-15 04:45:25 |
-------------------------------------------
------------------------+
600 rows in set (0.00 sec)
```

La tabla pais está simplemente asocia a un identificador único por cada país.

```
mysql (banco) > select nombre_ciudad,
pais from ciudad INNER JOIN pais using
(pais_id)
```

117

```
    -> WHERE pais.pais_id < 5;
--------------------------+
| ciudad   | pais         |
--------------------------+
| Kabul    | Afghanistan  |
| Batna    | Algeria      |
| Bchar    | Algeria      |
| Skikda   | Algeria      |
| Tafuna   | American Samoa |
| Benguela | Angola       |
| Namibe   | Angola       |
--------------------------+
7 rows in set (0.01 sec)
```

Si la condición de combinación utiliza el operador igual (=) y los nombres de columna de ambas tablas utilizadas para la coincidencia son los mismos, puede usar la cláusula USING en su lugar.

Como vimos en el ejemplo anterior, todos los operadores se admiten cuando se utiliza INNER JOIN, por ejemplo, usamos la condición WHERE y la cláusula LIMIT.

También debe saber, que hay funciones que puede usar para agregar valores. Supongamos que desea contar cuántas ciudades italianas

hay en nuestra base de datos. Puede hacerlo
contando el número de filas mediante la función
`COUNT()`.

```
mysql (banco) > select count(1) FROM
ciudad INNER JOIN pais ON ciudad.pais_id
= pais.pais_id WHERE pais.pais_id = 49;
----------
| count(1) |
----------
|        7 |
----------
1 row in set (0.00 sec)
```

Capítulo 10: Ordenar los Resultados

ORDER BY

Hasta ahora, hemos discutido cómo elegir las columnas y filas devueltas como parte del resultado de la consulta, pero no cómo controlar cómo se muestra el resultado. En una base de datos relacional, las filas de una tabla forman una colección. No hay orden intrínseco entre las líneas, por lo tanto, debemos pedir a MySQL que ordene los resultados si los queremos en un orden particular.

En esta sección se explica cómo utilizar la cláusula ORDER BY para ello. La ordenación no tiene ningún efecto en lo que se almacena en las tablas y solo afecta al orden en que se muestran los resultados.

Supongamos que desea devolver una lista de los diez principales clientes de la base de datos banco, ordenada alfabéticamente por su nombre. Esto es lo que escribirías:

```
mysql (banco) > select nombre from
cliente
    -> order by nombre
    -> limit 10;
-------------
| nombre     |
-------------
| ALBERTO    |
| BRUNO      |
| CLAUDIO    |
| FRANCESCO  |
| GIOVANNI   |
| MICHELE    |
| ORAZIO     |
| PASQUALE   |
| ROBERTO    |
| VINCENZO   |
-------------
10 rows in set (0.01 sec)
```

La cláusula ORDER BY indica que la ordenación es necesaria, seguida de la columna para usarla como clave de ordenación. En este ejemplo, ordenamos por nombre en orden alfabético ascendente. El criterio de ordenación predeterminado no distingue mayúsculas de minúsculas y es el orden ascendente, MySQL ordena automáticamente alfabéticamente porque las columnas son cadenas de caracteres. La forma en que se ordenan las cadenas viene determinada por el juego de caracteres y el orden de comparación utilizados.

Si es necesario, puede utilizar la palabra clave DESC para invertir el criterio de ordenación:

```
mysql (banco) > select nombre from
cliente
    -> order by nombre DESC
    -> limit 10;
-------------
| nombre    |
-------------
| VINCENZO  |
| ROBERTO   |
| PASQUALE  |
| ORAZIO    |
| MICHELE   |
| GIOVANNI  |
| FRANCESCO |
| CLAUDIO   |
| BRUNO     |
| ALBERTO   |
-------------
10 rows in set (0.01 sec)
```

Capítulo 11: MySQL & PHP

No fue casualidad que tuvieras instalado XAMPP porque de esta manera ya has probado PHP y MySQL aplicado a la web. Esta combinación es realmente importante porque está muy extendida y bien establecida.

Es muy importante poder conectarse a la base de datos a través de un lado del lenguaje de programación sirve como es PHP. Esta es una de las principales tareas de un sitio Web dinámico, y hay dos posibilidades para vincular código PHP a MySQL:

- mysqli es una extensión disponible en PHP 5.0 que permite un enfoque orientado a objetos incluso si conserva la capacidad de utilizar el enfoque procedimental;

- el uso de la extensión PDO que es un acrónimo de PHP Data Objects que, como su nombre indica, sólo se puede utilizar en un modo completamente orientado a objetos y nunca procedimentalmente.

La principal diferencia entre estos métodos es que a través de PDO puede conectarse a DBMS diferentes y no sólo MySQL, como es el caso de mysqli. Con PDO, puede conectarse fácilmente a bases de datos como DB2, Microsoft SQL Server, Oracle, PostgreSQL SQLite y muchas otras más.

Probablemente se esté preguntando cuál elegir, si su proyecto necesita ser fácilmente compatible con diferentes DBMS, PDO es casi una opción obligada. Otro aspecto a tener en cuenta es la posibilidad de nombrar los parámetros indicados en las declaraciones preparadas (prepared statements) sin utilizar el formalismo dictado por mysqli que está relacionado con marcadores de posición (placeholders).

La Clase mysqli

En nuestro caso, al ser un proyecto de prueba, utilizaremos la clase mysqli porque se integra mejor con la base de datos MySQL y permite el uso de dos enfoques diferentes: procedimental y orientado a objetos.

No hay diferencias significativas de rendimiento entre estos dos enfoques, pero no hay duda de que el código orientado a objetos es más fácil de entender y más fácil de reutilizar. Esto está relacionado precisamente con su naturaleza o con la descomposición de problemas en piezas atómicas, lo que facilita la resolución de problemas, modificaciones, así como una extensión de características. Además de estas razones, es mucho más fácil trabajar en equipo utilizando un enfoque OOP.

Apertura y Cierre de la Conexión

Lo primero que debe hacer cuando se empieza a trabajar con mysqli es crear instancias de la clase especificando los parámetros del constructor de mysqli. Podemos especificar nuestros parámetros o elegir si utilizar los predeterminados para abrir una conexión con MySQL. La conexión se usa para establecer un canal a través del cual puede consultar, como la creación de tablas, consultas, actualizaciones, eliminaciones y mucho más.

Vienen utilizados dos métodos los cuales son `connect_error()` y `connect_errno()`, para verificar que la conexión se realizó con éxito:

```php
<?php
$mysqli = new mysqli('localhost',
'username', 'password',
'nombre_database');
if ($mysqli->connect_error) {
  die('Error de conexión (' . $mysqli-
>connect_errno . ') '. $mysqli-
>connect_error);
} else {
  echo 'Conexión exitosa. ' . $mysqli-
```

```
>host_info . "\n";
}
?>
```

De esta manera es posible abrir una conexión y crea un nuevo objeto. En caso de error, la ejecución del código se interrumpe imprimiendo una descripción en la pantalla acompañada de un código de error que son útiles para identificar el problema. Si la conexión se realiza correctamente, el `host_info` nos devolverá información de base de datos.

Hay cinco parámetros de entrada en total, el primero es el host o la dirección de la máquina en la que se está ejecutando MySQL, por lo general se usa la dirección IP o, si está trabajando de manera local, será entonces `localhost`. El segundo parámetro es el nombre de usuario habilitado para el acceso a la base de datos, seguido de su contraseña. Por último, debe pasar el nombre de la base de datos y, opcionalmente, proporcionar el puerto (normalmente se establece en 3306) y el socket útil para conectarse.

Por lo general, como hemos visto para XAMPP, el desarrollo local ya tiene un entorno completo por lo que no debe preocuparse por estos dos últimos aspectos, sin embargo, es bueno saber hacer configuraciones y evitar errores.

Preste atención antes de poner su código en producción de hecho, sólo para la fase de desarrollo, utilizamos el método `die()` y proporcionamos información sobre el sistema. Este enfoque no se recomienda en producción porque podría dar información a los atacantes sobre las tecnologías utilizadas, información importante para cualquier vulnerabilidad conectada.

Ejecutar las Consultas (Query) SQL

La mejor manera de aprender es escribir código, incluso si es simple. A menudo comienzan con aplicaciones triviales y luego las evolucionan en algo más complejo. En este caso vamos a crear la base de datos para la gestión de una videoteca, a continuación, vamos a operar en películas a las que solo pueden acceder los usuarios habilitados para la base de datos.

Para empezar, vamos a conectarnos al DBMS, pero sin especificar el nombre de la base de datos porque vamos a crearlo a partir de código PHP:

```php
<?php
$mysqli = new mysqli('localhost', 'root',
'password');
if ($mysqli->connect_error) {
    die('Error de conexión (' . $mysqli-
>connect_errno . ') '. $mysqli-
>connect_error);
}
// Creo la base de datos
$mysqli->query("CREATE DATABASE
```

```
videoteca");

// Selecciono la base de datos
$mysqli->query("USE videoteca");
?>
```

Como puede ver, todo es muy simple y todo se hace gracias al método query() que toma la query escrita en SQL para devolver el valor true excepto en caso de errores. Con este método hemos creado y seleccionado nuestra base de datos.

Si hay problemas para crear la base de datos, puede usar el método de error para obtener la cadena de error y solucionar el problema:

```
<?php
$mysqli = new mysqli('localhost', 'root', 'password');
if (!$mysqli->query("CREAT DATABASE videoteca")) {
    die($mysqli->error);
}
?>
```

En este caso falta una letra de la primera palabra de la instrucción para que la creación de la base de datos no se pueda realizar correctamente. MySQL proporciona un error que le ayuda a corregir el error de hecho devuelve:

```
You have an error in your SQL syntax;
check the manual that corresponds to your
MySQL server version for the right syntax
to use near 'CREAT DATABASE videoteca' at
line 1
```

Al igual que creamos y seleccionamos la base de datos, es posible crear la tabla relacionada a las películas:

```php
<?php
$mysqli = new mysqli('localhost', 'root',
'password');
if ($mysqli->connect_error) {
    die('Error de conexión (' . $mysqli-
>connect_errno . ') '. $mysqli-
>connect_error);
}
// Creo la base de datos
$mysqli->query("CREATE DATABASE
videoteca");


// Selecciono la base de datos
$mysqli->query("USE videoteca");
```

```php
// creación de la tabla para las
películas
$mysqli->query("CREATE TABLE 'pelicula'
    ('id' INT(5) NOT NULL AUTO_INCREMENT,
    'director' VARCHAR(40) NOT NULL,
    'titulo' TEXT NOT NULL,
    'ano' SMALLINT(2) NOT NULL,
    PRIMARY KEY ('id'))");
?>
```

En este caso, el identificador de tabla es un valor único creado automáticamente por DBMS y gracias a este valor podemos conectar las tablas evitando la redundancia de los datos. Ahora que tenemos la estructura de nuestra tabla podemos introducir datos para rellenar nuestra videoteca. Esto simula la inserción de datos por parte de un operador:

```php
<?php
$query = "INSERT INTO pelicula (director,
titulo, ano) VALUES ('Q. Tarantino', 'Sin
City', 2005)";
// Ejecución de la query y comprobación
de los eventuales errores.
if (!$mysqli->query($query)) {
  die($mysqli->error);
}
?>
```

Si no se puede insertar esta línea, el método `query` devolvería `false` con el relativo mensaje de error. También puede utilizar los métodos `affected_rows` y `insert_id` para recuperar el número de filas generadas por el identificador de la última línea insertada.

La Obtención (fetching) de los Resultados

Para recuperar los valores insertados podemos usar el método `query` pasando los valores de las cláusulas WHERE de la siguiente manera:

```php
<?php
$director = "pippo"; // Normalmente este
valor se obtendría a través de POST
$query = $mysqli->query("SELECT * FROM
pelicula WHERE director = '$director'");
// Ejecución de la query y comprobación
de los eventuales errores
if (!$mysqli->query($query)) {
  die($mysqli->error);
}
?>
```

Este tipo de extracción de datos nos expone a problemas de seguridad, de hecho, es posible inyectar código malicioso comprometiendo el correcto funcionamiento de nuestro sistema. Desafortunadamente, este tipo de errores siguen siendo generalizados, por lo que, si tuviera que notar algo similar en el código que leyó, sabrá que puede solucionar el problema con las declaraciones preparadas (prepared statements). Gracias a este nuevo enfoque podemos garantizar una mayor seguridad y un mejor rendimiento.

Para usar las declaraciones preparadas, solo necesitamos reemplazar el valor de la variable por un marcador de posición (placeholder):

```php
<?php
$query = $mysqli->prepare("SELECT * FROM
pelicula WHERE director = ?");
?>
```

De esta manera estamos separando el SQL de los datos, este desacoplamiento ayuda a aumentar la seguridad del sistema. Para enlazar los datos a la query, simplemente invoque el `bind_param` de la siguiente manera:

```php
<?php
$director = "pippo";
$query = $mysqli->prepare("SELECT * FROM
pelicula WHERE director = ?");
$query->bind_param('s',$director);
?>
```

136

El primer valor de este nuevo método puede tomar varios valores: `'s'` para las cadenas, `'i'` para los enteros, `'d'` para doble y `'b'` para los binarios.

Si necesita vincular más datos, puede agregar el tipo de datos correcto a la cadena del primer argumento.

El segundo valor contiene los datos que se asociarán y recuerda que los valores estáticos no se pueden utilizar del mismo formato que debe prestar atención a la posición de los parámetros.

Dicho esto, puede ejecutar la siguiente query:

```php
<?php
$director = "pippo";
$query = $mysqli->prepare("SELECT * FROM
pelicula WHERE director = ?");
$query->bind_param('s',$director);
$resultado = $query->execute();
?>
```

Ahora en la variable de nombre `resultado` tendremos el resultado de la operación.

Conclusión

Todo esto no es sólo una introducción a MySQL aplicada a la Web porque hay muchos casos diferentes y lo notará a medida que desarrolla su proyecto. A menudo es difícil imaginar su propia base de datos o aplicación, pero día tras día, pieza a pieza, verá que tomará forma.

Algunos temas no se han tratado para que la lectura sea más fluida y no para cargar el libro, pero siempre puede consultar el manual de MySQL para que pueda encontrar toda la información necesaria y actualizada. Le recomiendo que utilice siempre la última versión disponible de la base de datos, actualizándola si es necesario.

Recuerde, ¡antes de hacer cualquier operación en la base de datos, siempre hacer una copia de seguridad para que pueda recuperar sus datos en cualquier momento!